JN157333
エチオピア
南スーダン
ソマリア
ウガンダ
ケニア
ナイロビ
ビクトリア湖
インド洋
タンザニア

シリーズ知ってほしい！
世界の
子どもたち

——その笑顔の向こう側 ❶

スラムのくらし

米倉史隆（よねくらふみたか）

新日本出版社

ケニアという国を知っているでしょうか？ 野生のゾウやキリン、ライオンなどがいるサバンナで有名な国、アフリカの東の方、赤道直下にある国です。ここはその首都ナイロビ。なんだかたくさんの人でにぎわっているようですね。

ここは古着の市場です。とてもにぎわって活気があります。
ナイロビのダウンタウンから、乗り合いバスで 10 分ほどのプムワニという地区です。

じつは、この古着市場は、プムワニ地区にあるキコンバという名のスラムの中にあります。
カラフルな服と住民の笑顔(えがお)が、明るい雰囲気(ふんいき)をもたらしていて、ちょっとめずらしいスラムといえるかもしれません。

貧(まず)しい人たちが集まって暮(く)らしている場所、それがスラムです。
でも子どもたちは、とっても明るくて元気です。

あちこちにゴミが捨(す)てられ、においがひどかったりします。でもキコンバはまだきれいな方です。

窓(まど)が少ない家。ほこりっぽく暗い、小さな「家」が多いです。

キコンバと道路一本をはさむ地区には、コンクリートでできたりっぱな集合住宅(しゅうごうじゅうたく)があります。しかし、キコンバに住む人びとの多くは、家賃(やちん)がはらえないためここには住めません。それでも子どもたちは、どちらに住んでいても関係なく自由に行き来してのびのび遊んでいます。

スラムは、家のない人、貧しい人が集まってきて不法に住みついているケースが多いです。地方から大都市へ労働者が流れ込み、家賃の安い住宅がなかったためにスラムに住みつかなければならないのです。土地の契約もしていない場合が少なくないので、立ち退きを強いられる場合もあります。国連の統計（2012 年）によると、世界では約 10 億人がスラムで暮らしていて増えつづけているそうです。

キコンバには、イスラム教徒が多いケニア沿岸部から移り住んできた人たちが、比較的多く暮らしています。他の宗教の人たちもいっしょに暮らしています。イスラム教のモスク（寺院）の真向かいにはキリスト教の教会もありますが、争いごとは起きていません。

きょうは、「イディ」というイスラム教の断食（ラマダン）明けのお祭りです。
公民館の隣の空き地に回転ブランコやスポーツカーの乗り物、ラクダまでやってきました。
スラムがまるで「遊園地」のようになって、子どもたちは大はしゃぎです。

スラムには失業中の大人がたくさんいます。
日本の将棋のようなゲームをしたり、トウモロコシの粉が原料の「ブザア」という伝統的な手法で作られた安いお酒を、昼間から飲んだりしている人もいます。
工業用の化学物質を使った密造酒も出回っていて、飲んだ人の中には、体調を崩したり命を落としてしまう人が毎年います。

スラムでは毎日のように危険で悲しいことも起こります。ある日、キコンバで人だかりができていました。そこには頭を銃で撃たれた15歳くらいの少年がたおれていました。少年は洗濯物を干している女の人を銃で脅して腕時計を盗もうとし、駆けつけた警察官にその場で撃たれてしまったそうです。

盗みや暴力などの犯罪はゆるされていいものではありませんが、このような暴力的な取りしまりだけでは問題は解決しないのではないでしょうか。スラムでの多くの犯罪の背景には貧しさがあります。貧困におちいった人びとを助ける仕組みと貧困をなくすための努力が大切です。

キコンバの公民館で集団生活をする、かつてストリートチルドレン（家がなく路上生活をする子どもたち）だった子どもたちです。路上生活をしている子どもたちに食事と寝床を支援するＮＧＯ（民間組織）があり、そのサポートで集団生活をしているのです。職業訓練を受けることもできます。

親のいない子どもたちにとって、路上で生きることはとてもきびしいことです。暴力団のような大人たちとつきあうようになったりする子どももいます。

この少年は、グルー（接着剤）を吸って意識がおかしくなり、寝転がっています。シンナー中毒のような状態とみられます。つらい生活をわすれるためにグルーを吸う子どもたちが少なくありません。

キコンバでは、上下水道が整備されていません。家の前に側溝があり各家からの排水が流れています。ゴミも転がりおよそ衛生的とはいえません。
スラムをきれいにしようとする大人たちがいます。「タパタパ」というボランティアの人たちです。みんなでスラムの路地を清掃しています。ただ、活動資金に苦労しているようす。掃除の道具を買えないとなげいていました。

3 歳未満児の発育阻害の蔓延率：ナイロビのスラムとケニアの都市部全体との比較

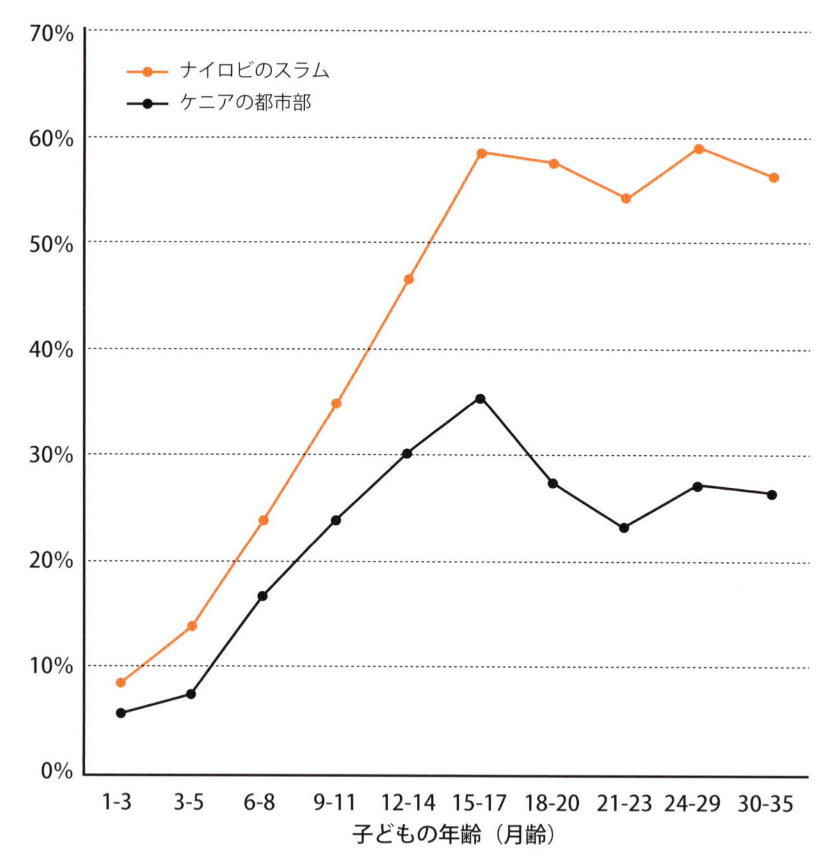

出典：都市化、貧困、および健康動態ー妊産婦と子どもの健康データ（2006〜2009 年）、
アフリカ人口保健リサーチセンター、ケニア DHS（2008〜2009 年）
世界子供白書 2012 p 21

上のグラフは、ナイロビのスラムとスラムではないケニアの都市部で、3 歳未満の子どもの発育状態を比べたものです。発育阻害とは、栄養が足りないことが原因で、身体や精神がうまく発達しなくなってしまうことです。スラムの子どもの方が発育の悪い子どもが多いことがわかります。貧しさから食事を十分にとることができないためです。

キコンバのあるクリニックの 2 階では、日本の支援団体が、十分に食べられていない子どもたちに食事を出しています。5 歳くらいまでの子たちが来ています。

バナナをかかえている人は「ママ・マジワ（ミルクお母さんという意味)」と子どもたちに呼ばれています。本当のお母さんのように、集まる子どもたちの面倒をみています。

スラムが抱える問題

1 仕事のない人が多い…

干ばつなどの自然災害、農村部での生活苦などの理由で多くの人が都市部に集まってきますが、都会だからといって、働き口や十分な収入が得られる仕事が多くあるわけではありません。生活に困った人がスラムで暮らしているのが現状です。

2 犯罪が多い…

銃犯罪、麻薬、殺人、窃盗などが日常的に起こっています。人口の増加と貧困が多くの犯罪の引き金になっており、治安の悪化につながっています。

3 学校に行けない子ども…

ケニアでは公立の学校は授業料が無料ですが、教材費が払えずに退学する子どももいます。キコンバのあるプムワニ地区にも小学校がありますが、学校に行かずに青空市場で売り子をしている子どもたちもいます。家計を助けるために学校に行かずに働いているのです。

4 売春…

生きるために自分の性を売る女性が多くいます。セックスによってＨＩＶなどの性感染症に感染することもあります。ＨＩＶは命に関わる病気であるエイズを発症させるウィルスです。ＨＩＶに感染したお母さんが出産するとき、その赤ちゃんがＨＩＶに感染する（母子感染といいます）ことも多いので大きな問題になっています。

5 衛生状態の悪化…

スラムは上下水道の整備ができていないところがほとんどです。キコンバの中には有料の公衆トイレや公衆シャワーもありますが、一方で、側溝を簡易トイレのように子どもたちが使っていたり、路上にはゴミが散乱していたりします。空気もほこりっぽくなっています。

6 ストリートチルドレン…

病気などで両親をなくしたり、親が離婚したりしたことがきっかけで家を失い、路上で生活しなければならなくなる子どもたち（ストリートチルドレン）がいます。キコンバには、ストリートチルドレンが集団生活をする公民館がありますが、なじめずに路上にもどる子どもたちもいます。

スラム問題には世界経済の影響や歴史の背景も

ケニアの産業は観光だけでなく、アフリカの他の多くの国と同じように農業です。主食の原料になる小麦やトウモロコシ、キャッサバなどの穀物が栽培されています。コーヒーや紅茶、切り花などは輸出されています。

農業からの収入は、天候に影響される収穫量によって左右されます。また、輸出農産物は、国際的な経済情勢のさまざまな影響で市場価格が安定しない場合があります。例えば、100 g 100 円で売れていた作物が 100 g 50 円でしか売れない場合、農家などの収入が半分になってしまうこともあります。
このような状況が続くと、農業で食べていけない人が増えてしまいます。1990 年に世界的にコーヒーの価格が安くなり過ぎたときがありました。このとき、ケニアでも農村部から多くの人が都市に流れてきて、スラムで生活する人も増えました。

ケニアは、19 世紀後半にイギリスの植民地とされ、コーヒーや紅茶などの単一の作物を栽培するプランテーションが広がりました。そのため 1963 年の独立後もそうした特定の作物の輸出に頼らざるをえない状況におかれてきたのです。しかし、特定の農産物の輸出に依存しすぎてしまうと、その価格が急に下がった場合、国の経済状態や人々の生活がそれにふり回されてしまいます。ある民族、地域を別の国が植民地にしてしまうということが、時代をこえて深刻な影響をもたらす一例といえるでしょう。

日本などから開発途上国への支援

日本は国として開発途上国にODA（政府開発援助という）という支援をおこなっています。ODAとは、お金や知識・技術の担い手が少ない国にお金を貸して道路や港を造ったり、無料でさまざまな技術・教育・保健、また貧困農民への支援などをおこなうことです。

また、たくさんのNGO（民間の支援団体のこと）も現地で活動しています。例えば、キコンバのスラムでは、貧困で食べられない子どもたちに食事支援をしている「ワールドランナーズ・ジャパン」やエイズのカウンセリングやストリートチルドレンの支援を行っている「アフリカと神戸俊平友の会」などがあります。

このように国際支援は、国レベルの支援と民間レベルの支援で成り立っています。また、日本はNGOにODAの資金から助成金を出して、よりよい活動を続けていくことができるように支援をしています。

国際支援は、一方的に援助をすればよいというのではありません。現地の人を巻き込んで計画的に進めることが大事だといわれています。最終的には支援なしで現地の人々が自立してやっていけるようになることが目標だからです。

キコンバで古着を売る人びと。古着の中には、外国からの支援で送られてきた援助物資の服がまぎれこんで売られています。ケニアの港で横流しにされた物のようです。支援物資が支援先に届かないことも現実としてあるのです。

キコンバの青空古着市場は、東アフリカ最大規模の市場です。ナイロビ市民だけでなく、隣国からも服を仕入れに多くの商人がやってきます

隣の地区にあるコンクリートの集合住宅。新しいものも建設されていますが、スラムの人びとはなかなか入居できません。ケニアは失業率が高く、努力しても収入を増やす機会が十分にないのが現状です。

スラムの路地で遊ぶ子どもたち。テレビゲームなどはなく、昔ながらの遊びで元気に遊んでいます。

キコンバのモスク。礼拝をしたりコーランを読んだり、仲間と話をしに来る人がたくさんいます。皆とてもおだやかで見ず知らずの旅行者も歓迎してもてなしてくれます。

「イディ」はイスラム教の人たちにとってとても大きなイベントです。ストリートチルドレンたちも手伝っています。

ケニアの伝統酒「ブザア」を作っているところです。トウモロコシの粉に水を加えて暖かい場所に３日間ほどねかせます。その後、乾燥させたり水などを加えたりして更にねかせることでできあがります。

ストリートチルドレンだった子どもたちが暮らす公民館です。小学校低学年ほどの子どももいます。壁に吊るしてある白い袋の中身が子どもたち一人ひとりの全財産です。

わかりにくいのですが、左下から３番目の子は袖口にグルーを入れたペットボトルを隠し持っています。

スラムを掃除している「タパタパ」という地元のボランティアグループです。スラムの衛生状態を良くしようと頑張っていましたが、予算が足りなくなって活動ができなくなりました。

日本のワールドランナーズジャパンという NGO が行っている給食支援。現地では、その活動を獣医師の神戸俊平氏がサポートしています。

青空古着市場で買った洋服を入れるビニール袋を売っていた少年。スラムでは働く子どもたちの姿もよく見かけます。

おわりに

「日本にいるときには気にも留めなかったことが、海外に行くことで気づかされる」ということがあります。テレビやインターネットで様々なことを知ることができるようになりましたが、それでもこの感覚は海外に行った人の多くが経験していることだと思います。

貧困問題もその一つといえるでしょう。貧困は開発途上国といわれる国々だけの問題ではなく、世界中の国々の問題です。国連は、世界の人口が 1990 年の 53 億人から 2015 年の 73 億人に急増した状況においても、10 億人以上が極度の貧困から脱出できたと発表しました。

それでも現在、世界の人口の 1%の富裕層が持つ財産が、残りの 99%の人の持つ富の合計を上回っており。世界の富の半分以上を占めているといわれているのです。私たちの住む国、世界は、富の分配が公平なものになるように世界的な対策をおこなわなければならない段階に来ているのかもしれません。世界の貧困問題の縮図のようなキコンバの暮らしには、不公平さがはっきりと表れていて心が痛みました。

青空の下、カラフルな古着たちが、まるでキコンバの子どもたちのキラキラした笑顔のように見えました。そしてそこには、たくましさがありました。

筆者略歴

米倉史隆（よねくら ふみたか）

1974 年、岩手県一関市生まれ。写真家、詩人。現在東京都在住。東京ビジュアルアーツ（報道写真学科）、武蔵野大学通信学部（心理学専攻）卒業。
2000 年からアジア、東アフリカを中心に撮影。山谷（日本）、アフガニスタン難民キャンプ（パキスタン）、マザーハウス死を待つ人の家（インド）、キコンバスラム（ケニア）、暴風神父（メキシコ）などを取材。
著書：詩集『We shall overcome』（沖積舎 1997 年）『子ども兵を知っていますか？　アフリカの小さな町から平和について考える』（現代書館 2012 年）

シリーズ　知ってほしい！　世界の子どもたち
――その笑顔の向こう側　①スラムのくらし

2017年10月20日　初版
NDC316　31P　29 × 22cm

写真・文　米倉史隆
発行者　田所稔
発行所　株式会社新日本出版社
〒151-0051　東京都渋谷区千駄ヶ谷4-25-6
電話　営業03（3423）8402　編集03（3423）9323

メール info@shinnihon-net.co.jp
ホームページ　www.shinnihon-net.co.jp
振替　00130-0-13681
印刷　亨有堂印刷所
製本　小高製本

落丁・乱丁がありましたらおとりかえいたします。

ISBN 978-4-406-06172-8 C8322　Printed in Japan